Benjamin Daniel

Opțiuni binare

Ghid pas cu pas pentru tranzacționarea opțiunilor binare

tradus de Ligia Constantinescu

MENȚIUNI LEGALE

DREPTURI DE AUTOR

EXONERAREA DE RĂSPUNDERE

Dacă folosiți informațiile din această carte, sunteți de acord că acesta este un material de educație generală și nu veți trage la răspundere pe nimeni pentru pierderi sau daune rezultate din conținutul furnizat aici de autor.

Rețineți că tranzacțiile cu opțiuni binare și cu alte produse de tranzacționare cu îndatorare implică un nivel semnificativ de risc și nu este potrivit pentru toți investitorii. Înainte de a efectua orice astfel de tranzacții, trebuie să vă asigurați că înțelegeți pe deplin riscurile implicate și să căutați servicii independente de consultanță dacă este necesar. Orice opinii sau alte informații din această carte sunt furnizate în scopuri educative generale și nu constituie sfaturi de investiții.

DEDICAȚIE

Dedic această carte lui Dayo Oladipo, unul dintre studenții cursului meu de opțiuni binare, a cărui dorință de a învăța m-a motivat să scriu această carte. Lui îi datorez această carte.

RECUNOȘTINȚĂ

Îi mulțumesc lui Dumnezeu pentru înțelepciunea și înțelegerea infinită pe care mi-a dăruit-o pentru a reuși ca agent de tranzacționare a opțiunilor binare și, mai important, pentru că m-a ajutat să scriu această carte. Lui îi datorez succesul meu și oamenii pe care mi i-a scos în cale.

Recunosc rolul pe care fratele meu, Theophilus Ayodele, l-a jucat în 2012, când am început să tranzacționez. Ești un erou și motivul pentru care mă aflu aici astăzi.

Nu îl voi uita pe mentorul meu în tranzacționări, Segun Ajayi, care nu doar că m-a învățat regulile domeniului, ci a stat lângă mine în momentele dificile. Îi sunt dator pentru că a stat lângă mine tot timpul. Mulțumesc.

Îi sunt recunoscător și iubitei mele soții, care m-a sprijinit și m-a motivat să am succes în această afacere.

Sunt norocos să fiu înconjurat de o familie care mă sprijină, de prieteni care au stat lângă mine în zilele dificile și de toți cei care m-au motivat să am succesul de astăzi. Sunt un agent de tranzacționare și o persoană mai bună astăzi și cred că voi toți sunteți „vinovați” pentru asta. Vă mulțumesc tuturor.

PREFAȚĂ

Vreți să învățați cum să tranzacționați opțiuni binare? Ați mai tranzacționat înainte și v-ați străduit să faceți profit?

Nu vă faceți griji! În această carte, vă voi îndruma și vă voi învăța tot ce trebuie să știți despre tranzacționarea opțiunilor binare.

Vă prezint și o strategie simplă și puternică de a tranzacționa cu trenduri și o strategie de gestionare a banilor, pentru a vă crește capitalul.

Dacă sunteți în căutarea unei cărți care să vă arate cum să câștigi bani tranzacționând opțiuni binare, atunci aceasta este cartea pe care trebuie să o citiți.

INTRODUCERE

Mulțumesc că ați cumpărat această carte. Cred cu tărie că scopul achiziționării acestei cărți este de a participa la tranzacționarea opțiunilor binare. Credeți-mă, acest lucru este accesibil și realizabil.

Nu trebuie decât să urmați întocmai principiile și strategiile prezentate în această carte și veți avea CONSISTENT, garantat, o rată de câștiguri mare, ceea ce înseamnă un profit uimitor.

Rețineți că aceasta nu este o schemă de îmbogățire rapidă. Necesită un anumit nivel de stimă de sine și disciplină din partea ta.

Nu trebuie să aveți cunoștințe anterioare despre opțiunile bnare sau despre tranzacțiile Forex, deși ar fi un avantaj. În această carte vă voi explica pas cu pas cum puteți să tranzacționați profitabil, chiar dacă nu știți nimic despre opțiunile binare.

Tot ceea ce vă trebuie ca să reușiți în acest domeniu este explicat foarte bine în această carte. Singurele abilități de care aveți nevoie ca să începeți să câștigați sunt:

- Disciplină: urmați exact pașii din această carte.
- Voința de a pune în aplicare ceea ce învățați sau de a acționa pe baza celor învățate.
- Cont de opțiuni binare și
- Platforma MT4.

Cred cu tărie că, dacă veți pune în aplicare ceea ce veți învăța, veți avea profituri mari din tranzacționarea opțiunilor binare.

CAPITOLUL UNU

Ce sunt opțiunile binare?

Tranzacționarea opțiunilor binare sunt la fel de simple ca atunci când arunci o monedă și prezici pe ce parte va cădea. Desigur, este la fel de periculos și va înclina spre jocuri de noroc, dacă nu aveți cunoștințele și instrumentele adecvate pentru a întoarce șansele în favoarea dvs.

Opțiunile binare, cunoscute și sub numele de opțiuni digitale, nu sunt instrumente financiare noi, însă, datorită noilor tehnologii, sunt disponibile acum publicului, fiind o modalitate mai simplă și mai rapidă de a câștiga bani.

Opțiunile binare sunt tipuri de opțiuni în care plățile sunt făcute pe baza contractelor „totul sau nimic". Aceasta înseamnă că, în cazul în care câștigați, veți câștiga toată suma de bani care vi s-a promis. Pe de altă parte, dacă pierdeți, veși pierde toată valoarea contractului. În ambele cazuri, câștigul-pierderea se măsoară în bani.

Opțiunile digitale se află într-o stare „Activă”, ceea ce înseamnă că sunteți în câștig, sau într-o stare „Inactivă”, însemnând că sunteți în pierdere.

Versiunea de bază a tranzacționării opțiunilor binare estimează valoarea prețului într-o perioadă anume, ceea ce se numește „data expirării” sau „timpul de expirare” al tranzacției.

Valoarea plății este calculată la începutul contractului și nu depinde de amploarea cu care prețul activelor de bază se modifică; astfel, dacă sunteți în câștig cu 0,01 $ sau 0,03 $, plata pe care o veți primi va fi aceeași.

Opțiunile binare se numesc, uneori, tranzacții „totul sau nimic”, însemnând că ori sunteți în câștig (ITM) și primiți plata specificată, ori sunteți în pierdere (OTM) și pierdeți suma tranzacționată.

Tranzacționarea opțiunilor binare sunt o modalitate rapidă și interesantă de a face tranzacții pe piețele financiare. Rata plăților este mare în comparație cu toate celelalte tranzacționări financiare tradiționale.

De exemplu, în cazul în care un agent de tranzacționare vrea să tranzacționeze EURUSD și cumpără un contract de 50 $ de opțiuni binare Call care are o rată de plată de 70%. În acest moment, perechea EURUSD se tranzacționează la 1,2071 de puncte până la ora 14:00, când tranzacția a fost executată cu o expirare de 30 de minute.

Dacă până la ora 14:30, prețul EURUSD a crescut cu 10 puncte (1,2081), înseamnă că agentul de tranzacționare a avut dreptate. În acest caz, agentul de tranzacționare va câștiga un profit de 70% din investiția sa. Astfel, cu suma contractului de 50%, agentul de tranzacționare va obține un profit de 35 $. În contul său se vor întoarce 85 $. În acest caz, a câștigat.

Însă, dacă prețul EURUSD ar fi scăzut și ar fi ajuns la 1,9970 până la ora 14:30 în acea zi, predicția sa ar fi fost greșită. Este în pierdere. Va pierde cei 50 $ pe care i-a investit.

Fără oprirea pierderilor, fără obiective, fără calcule complicate de gestionare a banilor. De aceea este mult mai simplu decât tranzacționarea obișnuită. **Cu opțiunile binare, trebuie să vă concentrați numai pe două elemente: direcția prețurilor și timpul de expirare.**

Majoritatea sistemelor se concentrează numai pe direcția prețului și uită de perioada de expirare, care funcționează ca o funcție de oprire a pierderilor bazată pe timp. Dacă prețul prezis de dvs. s-a mișcat corect și nu ați calculat intervalul de timp al acțiunii prețului, tot veți pierde tranzacția!

Beneficiile tranzacționării opțiunilor binare

Unul dintre principalele avantaje ale tranzacționării opțiunilor binare este că riscul brokerului se limitează la prima pe care acesta o plătește pentru un contract. În exemplul de mai sus, riscul asumat de broker este limitat la 50 $ în acea poziție. Acest lucru oferă brokerului de opțiuni binare o senzație de securitate, știind că dezavantajul său este limitat numai la dimensiunea tranzacției inițiale. Deși încă poate obține profit dacă opinia sa despre piață se dovedește a fi corectă, nu trebuie să își mai facă griji despre lipsa comenzii de oprire a pierderilor sau despre pierderea disciplinei de tranzacționare.

În plus, opțiunile binare oferă un profil cu risc limitat, deoarece plătesc o sumă fixă sau nu, în funcție de locul în care instrumentul de bază tranzacționează în momentul expirării.

Un alt avantaj este că poate fi tranzacționat pentru intervale de timp mai scurte (5 minute, 10 minute, 20 de minute, 30 minute etc.) pe platformele de tranzacționare care oferă astfel de opțiuni. Și acest lucru oferă o modalitate minunată de a câștiga bani într-o perioadă scurtă, spre deosebire de tranzacționarea Forex.

De asemenea, este foarte simplu și mai rapid să învățați cum să tranzacționați opțiuni binare decât Forex sau contracte Futures. Va trebui să înțelegeți multe lucruri pentru a putea tranzacționa Forex sau contracte Futures profitabil, însă acest lucru nu este valabil și pentru tranzacționarea opțiunilor binare.

Tipuri de opțiuni binare

Câteva tipuri de opțiuni binare pot fi tranzacționate acum online, folosind o varietate de strategii.

High/Low (superior/inferior) Cele mai frecvent disponibile opțiuni binare sunt High/Low, cunoscute și cu numele de „Above" (deasupra) și „Below" (dedesubt) sau opțiuni binare Call/Put. Veți primi o plată la opțiunile High/Above/Call dacă prețul pieței este mai mare decât prețul de intrare la ora expirării. Când prețul pieței este mai mic decât prețul de intrare la ora expirării, este o opțiune Low/Below/Put.

Unii brokeri oferă unul sau mai multe dintre aceste tipuri de opțiuni, precum **Touch, Range sau Boundary, Rise and Fall, Touch Not** etc.

All markets: currencies, stocks, indices, and commodities.

All market conditions: up/down, touch/no-touch, stays between/goes outside.

All durations: from 10 seconds to 365 days.

All payouts: from $1 to $50,000.

CAPITOLUL DOI

Cum să tranzacționați opțiuni binare

În afară de un broker de încredere cu care să tranzacționați, primul lucru pe care trebuie să îl înțelegeți înainte să puteți tranzacționa opțiuni binare profitabil este o strategie bună care să vă ofere un avantaj în tranzacționarea cu trenduri. Cu alte cuvinte, trebuie să înțelegeți foarte bine trendul și felul în care puteți să tranzacționați cu ea, indiferent de strategiile pe care le folosiți. Aceasta este cheia succesului în acest domeniu.

Mai jos, vom încerca să învățăm cum să cunoaștem trendul și cum să tranzacționăm cu ea.

Cum înțelegem trendul

Pentru a câştiga bani din tranzacţionări, fie din opţiuni binare, fie din Forex sau Futures, nu există nicio îndoială că tranzacţionarea cu trend este singurul secret al câştigului. Dacă tranzacţionaţi împotriva trendului, veţi pierde. Tranzacţionarea folosind trendul vă oferă o probabilitate de 99,9% de a atrage şansele de partea dvs. şi de a face bani din piaţa financiară.

Problema este: cum cunoaştem trendul? Ce este trendul? Cum putem să ştim cu exactitate şi să descriem trendul pieţei, fără încercare şi eroare? Dacă putem să răspundem la această întrebare corect, atunci ne va fi foarte uşor să câştigăm bani din piaţa financiară.

Ce este trendul?

În limbaj simplu, trendul este direcţia în care se îndreaptă preţul unui instrument. Dacă mergi la New York din Florida, direcţia este din sud, unde se află Florida, spre nord, unde se află New York. Direcţia este ascendentă.

În principal, trendul este direcția pieței. Încotro se îndreaptă piața? În sus sau în jos? Sau prețul instrumentului nu se mișcă deloc?

Aceasta este prima întrebare la care trebuie să răspundem de fiecare dată când deschidem graficul pentru tranzacționare. După ce învățați să îl alegeți foarte bine, veți face tranzacții fără probleme.

Și după ce cunoașteți trendul, veți face tranzacții în funcție de aceasta. Adică veți face tranzacția în direcția în care se îndreaptă prețul pieței. Aceasta vă ajută să îi urmăriți pe jucătorii importanți, și astfel veți câștiga sigur.

Trendul poate fi definit în trei moduri.

i. **Trendul crescător**
ii. **Trendul descrescător**
iii. **Fără trend, interval sau fuziune**

Există două modalități de a alege sau de a detecta trendul.

i. **Manual și**
ii. **Artificial sau folosind Indicatorul**

Le voi prezenta pe ambele în această carte. Vom discuta întâi despre metoda manuală.

Trendul crescător/Bullish

Metoda manuală pentru calcularea trendului crescător

Trendul crescător se mai numește și Bullish. În trendul crescător sau Bullish, atunci când prețul se află, într-adevăr, într-un trend crescător, calculăm când prețul crește și are o serie de vârfuri mai mari și vârfuri mai mici.

Aceasta înseamnă că într-un trend Up, prețul se va muta de la o valoare inferioară la una superioară și va coborî din nou la o valoare inferioară mai mare decât valoarea inferioară precedentă și va crește la o nouă valoare superioară mai mare decât valoarea superioară precedentă.

Într-un trend crescător vom avea această formă pe grafic. Valoare inferioară (L), Valoare superioară (H), Valoare inferioară mai mare (HL), Valoare superioară mai mare (HH). De la L-H-HL-HH. Deci modelul 1-2-3-4 pe care îl observați pe grafic vă va arăta că instrumentul este într-adevăr în modul trendului crescător.

Să vedem acum un exemplu în graficul GBPCHF de mai jos.

Putem vedea că prețul începe de la Valoarea inferioară, se mișcă spre zona Valorii superioare și revine la Valoarea inferioară mai mare, după care crește la Valoarea superioară mai mare și continuă să formeze serii de Valori superioare mai mari și Valori inferioare mai mari. Acesta este trendul crescător în acțiune.

În acest caz, nu vom plasa o tranzacție de vânzare. Vom căuta doar oportunitatea de a intra în trendul crescător în jurul fiecărei Valori inferioare. Aici alegem punctul tranzacției noastre de cumpărare, în Valorile inferioare ale trendului Bullish, nu în Valorile superioare. Rețineți acest lucru.

Să analizăm un alt exemplu în graficul de mai jos

Graficul AUDUSD

Acum, că am înțeles cu adevărat ce să căutăm într-un trend crescător, să vedem cum putem folosi indicatorii ca să detectăm și să cunoaștem direcția trendului.

Metoda artificială pentru calcularea trendului

În această metodă, vom folosi Indicatorul mediei de mișcare ca instrument. După cum știm, Media de mișcare este Indicatorul detectorului trendului.

Pentru scopul nostru, vom folosi Media de mișcare exponențială (EMA) 8 și 21 și Media de mișcare simplă (SMA) 20. Folosim Media de mișcare simplă 20 (SMA 20) deoarece este egală cu Banda de mijloc a Indicatorului benzii Bollinger. Acesta este un indicator foarte puternic, pe care majoritatea brokerilor îl folosesc în tranzacțiile lor.

Vreau să precizez că Media de mișcare este utilă din două motive:

1. Pentru a cunoaște trendul și
2. Pentru a calcula nivelurile cheie din grafic.

Nivelurile cheie sunt diverse niveluri de rezistență și asistență din grafic. Astfel, putem folosi Media de mișcare și pentru a crea zonele de nivel de rezistență și asistență din grafic în timp ce tranzacționăm.

Când prețul crește, adică este în trend crescător, Media de mișcare de deasupra prețului sau lumânările pot rezista mișcării spre zona Up și vice-versa.

Acum, luăm graficul și inserăm EMA 8 și 21 a prețului de închidere, precum și SMA 20 a prețului de închidere.

Vedeți exemplul de mai jos.

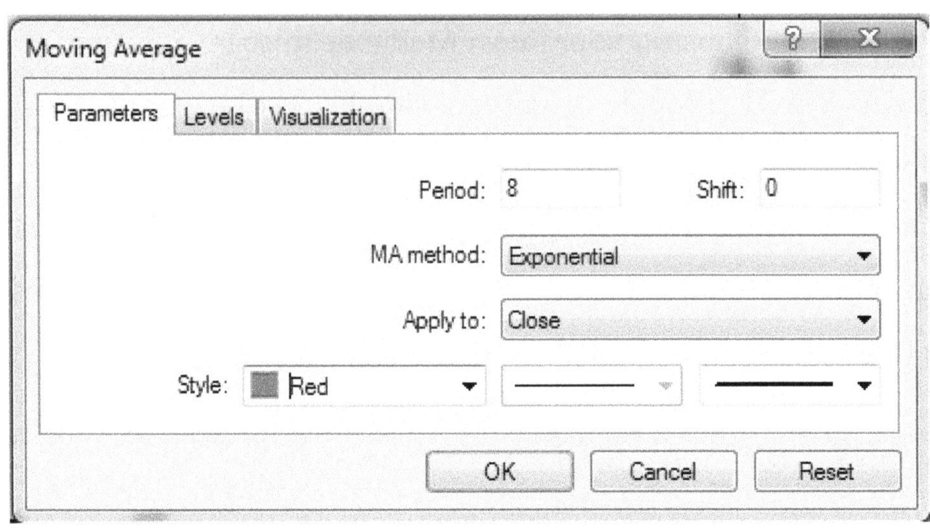

După ce le-am introdus în graficul nostru, cum îl folosim?

Iată ce veți face în continuare.

De fiecare dată când lumânările taie și se închid deasupra celor trei linii ale Mediilor de mișcare (EMA 8 și 21 și SMA 20), trendul se modifică în trend crescător. Rețineți că trendul este cu adevărat confirmat numai când lumânările se închid deasupra SMA 20. Dacă lumânările nu s-au închis încă deasupra, nu vom lua acest lucru în considerare. Trendul nu este confirmat încă.

Deci **lumânările trebuie să taie și să se închidă deasupra celor trei linii ale Mediilor de mișcare pentru ca trendul să fie confirmat.**

Și în trendul crescător, lumânările trebuie să rămână în continuare deasupra liniilor Mediilor de mișcare pentru ca trendul crescător să fie valabil.

Astfel, într-un trend crescător, lumânările vor rămâne mereu deasupra liniilor Mediilor de mișcare până în partea de sus.

Să vedem exemplul de mai jos cu un grafic pe care l-am folosit mai sus.

Graficul GBPCHF

Conform regulii, putem vedea că, în cercul de mai sus, lumânarea se încrucișează și se închide deasupra celor trei linii ale

Mediilor de mișcare, lucru care indică schimbarea trendului din Bearish în Bullish.

De asemenea, putem vedea că, în timp ce lumânările se mișcă în sus, rămân toate deasupra celor trei linii ale Mediilor de mișcare. Nu trebuie să fie niciodată sub Media de mișcare dacă este un trend crescător. De fiecare dată când se încrucișează și rămâne sub Media de mișcare, avem un trend Bearish, nu Bullish.

Să aruncăm o privire la cel de-al doilea grafic pe care l-am folosit mai sus pentru aceeași ilustrație.

Graficul AUDUSD

Acum să trecem la al doilea articol, și anume trendul descrescător sau Bearish.

Trendul descrescător/Bearish

Identificăm un trend descrescător atunci când prețul continuă să creeze serii de Valori superioare mai mici și Valori inferioare mai mici. Rețineți că, atunci când prețul continuă să aibă Valori superioare mai mici și Valori superioare mai mari, trendul este descrescător.

Astfel, cu alte cuvinte, va forma acest model: Valoare superioară, Valoare inferioară, Valoare inferioară mai mică, Valoare superioară mai mică, în această ordine. După ce putem observa acest model pe grafic, vom ști că este vorba de un trend Bearish.

Metode de identificare a trendului Bearish

Manual, să privim cum arată pe grafic.

Graficul de mai jos este un exemplu de serii de Valori superioare mai mici și Valori inferioare mai mici, după cum putem vedea pe un grafic tipic de USDJPY.

Acum să privim cum arată dacă adăugăm indicatori care să ne ajute să alegem trendul.

Putem vedea în graficul de mai sus că lumânările au închis și au stat sub toate cele trei linii al Mediilor de mișcare.

Deși avem cazuri în care lumânările revin sau coboară spre linia Mediei de mișcare, în fiecare caz putem vedea că trendul continuă când lumânările se închid sub linia Mediei de mișcare și coboară mult după fiecare revenire.

După cum am spus, vedem și că liniile Mediei de mișcare au rolul de a inhiba Rezistența sau de a rezista mișcării ascendente a lumânărilor.

Să analizăm un alt exemplu, pentru a oferi mai multă claritate.

Graficul USDCHF

Graficul USDCHF

Fără trend/Interval

Când prețul nu crește, dar nici nu scade, ci pare a fi delimitat într-un interval. O astfel de piață este interval. Se poate numi și o piață consolidantă.

Să privim, de exemplu, graficul USDJPY.

În acest grafic putem vedea că, între februarie și mai 2015, prețul a fost cuprins în intervalul 120,800 - 118,300.

Aici, prețul nu urcă și nu coboară. Este cuprins în acest interval.

Astfel, pentru tranzacțiile cu opțiuni binare nu luăm în considerare piața cu valori în interval. Semnalele noastre de tranzacționare vor fi luate în considerare când prețul este în trendul crescător sau în cel descrescător.

CAPITOLUL TREI

Pragul de suport și nivelul de rezistență – cum să le identificați și să le reprezentați

După ce ați înțeles ce este trendul și cum se calculează trendul unei piețe, următorul lucru important pe care trebuie să-l faceți în tranzacționare este să marcați pragul de suport și nivelul de rezistență.

Ce este pragul de suport și nivelul de rezistență?

Pragul de suport și nivelul de rezistență sunt zone ale graficului în care prețul pieței reacționează, făcându-l să își întrerupă călătoria o perioadă înainte să o reia sau să își schimbe direcția. De exemplu, dacă aruncați o minge în aer, la un moment dat, forța de gravitație va acționa asupra ei și o va face să înceapă să cadă. Punctul în care mingea își inversează direcția este o zonă de rezistență. Inversarea direcției este caracteristică unei mingi în cădere.

Cu toate acestea, rețineți că acestea nu sunt linii orizontale trasate pe grafic, ci mai degrabă o zonă.

- **Rezistență** – când prețul este în trend crescător, nivelul sau zona în care acest trend se întrerupe, apoi începe să descrească se numește Rezistență. Într-un astfel de caz, prețul a ajuns la un nivel pe care inerția prețului din acel moment nu l-a putut sparge, și de aici o schimbare a direcției pentru o perioadă.
- **Suport** – când prețul este în scădere bruscă sau într-un trend descrescător, nivelul sau zona în care ajunge un preț în scădere și în care se oprește pentru a-și schimba direcția într-una ascendentă se numește Suport.

Conceptul de suport și rezistență este unul dintre cele mai folosite în tranzacționare.

Să aruncăm o privire la elementele de bază.

Imaginea de mai jos este un exemplu de trend crescător.

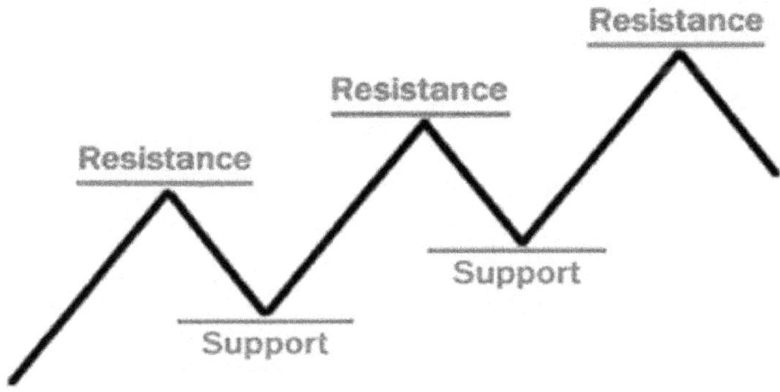

Când piața crește și apoi descrește, cel mai înalt punct atins înainte de descreștere este rezistența.

Pe măsură ce piața continuă din nou să crească, cel mai scăzut punct atins înainte de a schimba direcția este suportul.

Astfel, rezistența și suportul se formează în mod continuu pe măsură ce piața oscilează în timp. Pentru trendul descrescător, situația este inversă.

Nu este dificil să identificăm și să trasăm pragul de suport și nivelul de rezistență. În schimb, trebuie să ne folosim ochiul de cunoscător și puterea minții.

Vreau să vă arăt o modalitate simplă de a desena suportul și rezistența pe platforma MT4.

Priviți graficul de mai sus.

Dacă doriți să desenați suportul și rezistența pentru acest grafic, urmați pașii de mai jos:

1. Modificați graficul cu lumânări în grafic cu linii, așa cum se vede mai jos...

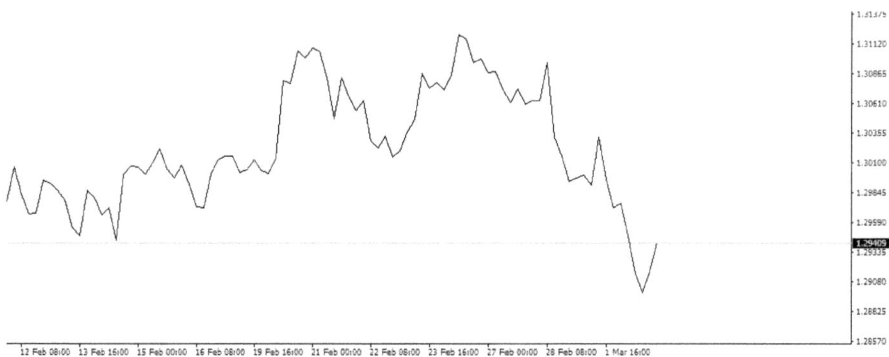

În continuare, trebuie să plasați linia orizontală pe marginea de întoarcere a graficului cu linii.

Unde găsim marginea de întoarcere?

Priviți imaginea de mai jos: vedeți marginea în formă de V în care am folosit linia scurtă albastră pentru a indica?

Aceasta este marginea de întoarcere a graficului.

Iată ce veți face în continuare.

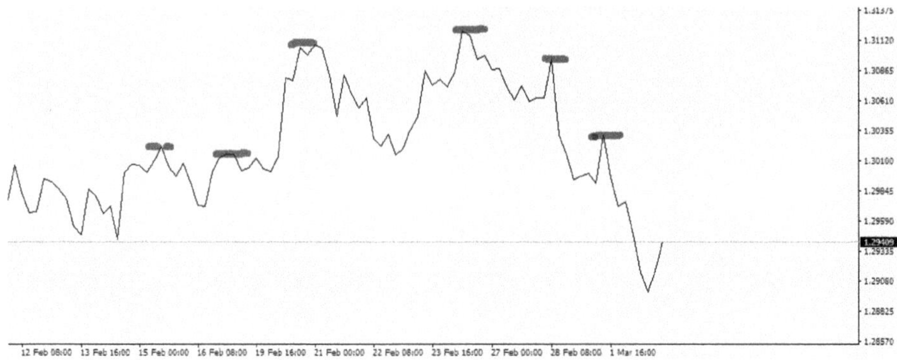

Dați clic pe linia orizontală, așa cum se arată mai jos.

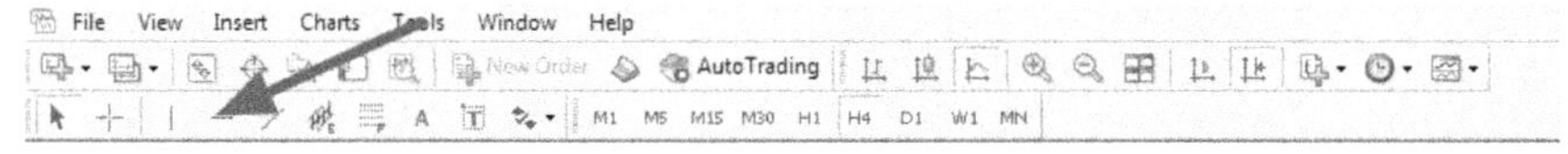

Apoi plasați linia orizontală pe cât mai multe margini de întoarcere în formă de V posibil. Veți vedea că, în majoritatea cazurilor, este posibil ca două margini de întoarcere în formă de V să se lege una de alta.

A se vedea mai jos

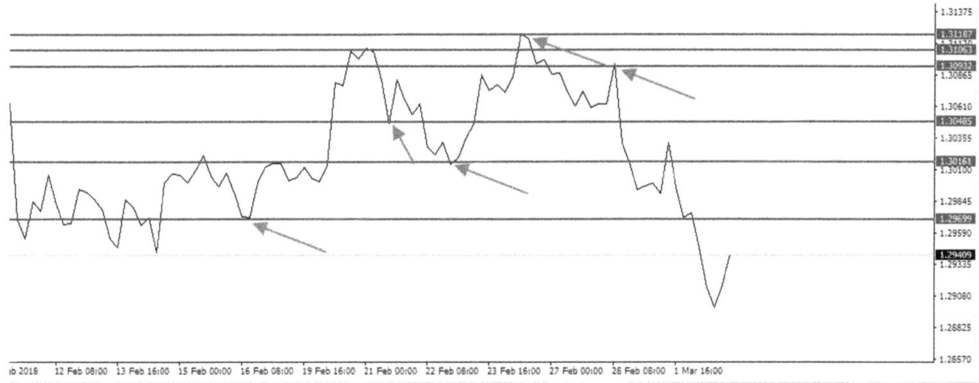

Am folosit săgețile roșii pentru a indica punctul de întoarcere V pe care l-am luat în considerare când am plasat linia orizontală acolo.

Puteți vedea că, în majoritatea cazurilor, două puncte de întoarcere V se intersectează.

Următorul pas este de a schimba înapoi graficul cu linii în grafic cu lumânări...

Puteți vedea graficele de mai sus?

În continuare, trebuie să eliminați liniile în care există prea multe aglomerări sau care sunt prea apropiate.

Dacă priviți graficul, am indicat cu roșu linia pe care vreau să o elimin. A se vedea mai jos

Am eliminat cele două linii. Acum, graficul arată ca acesta de mai jos.

Acestea sunt un suport și o rezistență autentică a graficelor.

Semnificația suportului și rezistenței este importantă pentru a ști unde să cumpărați și unde să vindeți.

Vindeți la Rezistență și cumpărați la Suport. Dacă plasați tranzacția de vânzare aproape de Suport, veți pierde în majoritatea cazurilor, iar dacă veți cumpăra la Rezistență, veți pierde la fel. De aceea este foarte important să le trasați astfel încât să vă ajute să analizați graficul foarte bine și să vă ajute să luați decizii când tranzacționați.

CAPITOLUL PATRU

Semnale în tranzacționarea opțiunilor binare

După ce am înțeles ce înseamnă ca prețul unui instrument să fie o pereche în trend, următorul pas important este să utilizăm aceste cunoștințe la tranzacționarea opțiunilor binare.
După cum am spus, nu luăm în considerare condiția pieței cu valori în interval.

Semnalele Cumpărare/Răscumpărare (Call)

Există două modalități de a aborda acest semnal.

i. **Agresivă și**
ii. **Conservatoare**

Voi discuta ambele modalități și voi folosi graficul pentru a ilustra.

Regula 1:

(i) **Când Lumânarea se încrucișează și se închide deasupra tuturor celor trei Medii de mișcare. Plasați o tranzacție.**

(ii) **Într-un trend crescător, Lumânarea va fi deasupra Mediei de mișcare, când Lumânările se micșorează sau deviază de la EMA 8 și se retrag într-un mod corector, închizându-se deasupra oricărei Medii de mișcare cu o lumânare Bullish, plasați tranzacția.**

Prima este modalitatea agresivă, iar cea de a doua este modalitatea conservatoare.

Intervalul de timp pentru obținerea acestor semnale sunt după cum vedeți mai jos.

Interval de timp: 15 min
Expirare: 15 min

Să vedem cum funcționează aceasta cu un grafic. În acest grafic, EMA 8 este colorat în roșu, EMA 21 este linia mov, iar SMA 20 este linia albastră.

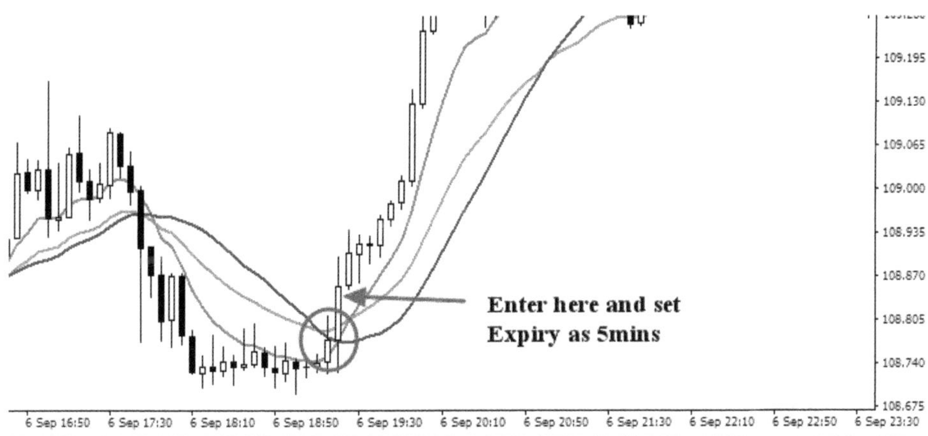

Graficul USDJPY 5 minute

Intrarea imediat după încrucișarea de deasupra celor trei Medii de mișcare este modalitatea de intrare agresivă.

Să analizăm un alt exemplu de modalitate agresivă de tranzacționare.

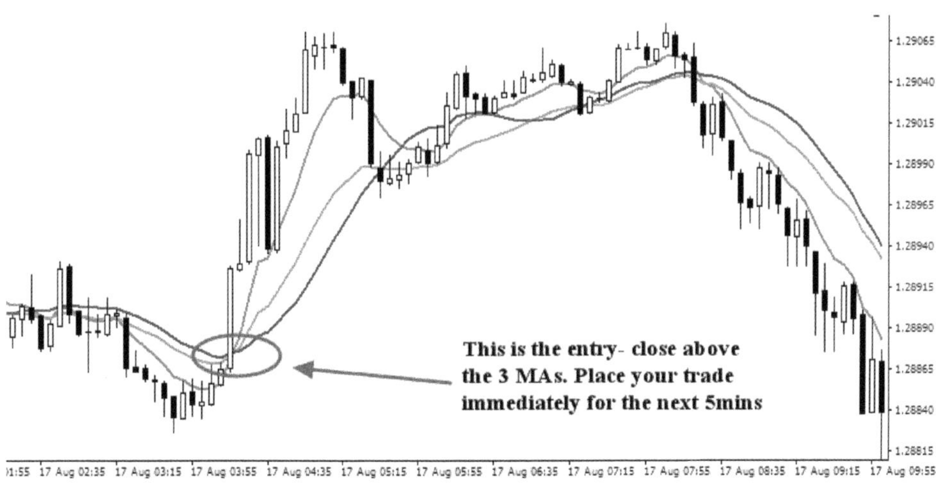

Graficul GBPUSD 5 minute

Rețineți că, dacă lumânarea nu s-a închis deasupra SMA 20, nu vom considera că trendul s-a schimbat.

Să analizăm modalitatea conservatoare de tranzacționare, mai sigură. În acest stil, vom aștepta să confirmăm dacă trendul este, de fapt, ceea ce arată a fi. După ce observăm trendul Bullish după întreruperea liniilor Mediei de mișcare, apoi așteptăm o retragere spre liniile Mediilor de mișcare și, imediat după ce găsim o altă lumânare Bullish formată, acest lucru înseamnă că trendul Bullish este pe cale să se reia și putem apoi să ne alăturăm trendului.

Să analizăm câteva exemple mai jos.

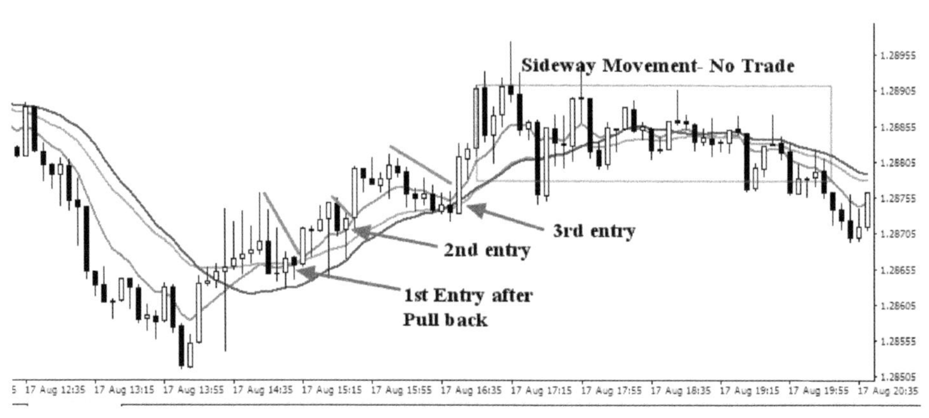

Graficul GBPUSD 5 minute

În graficul de mai sus, am evidențiat direcția opusă sau retracement folosind linia roșie. Sper să o puteți vedea pe grafic.

În exemplul de mai sus,

prima săgeată albastră arată lumânarea Bullish care se închide deasupra Mediei de mișcare după ce retracement-ul s-a încheiat.

După ce aflați această configurație, plasați tranzacția pentru următoarele 5 minute. (Expirarea este 5 minute)

Este foarte posibil ca prețul să nu crească imediat. Dacă ați observat graficul de mai sus, veți vedea că următoarea lumânare după lumânarea Bullish a fost Bearish, ceea ce înseamnă că, dacă ați intrat în acea tranzacție, veți pierde.

Astfel, în continuare veți intra într-o altă tranzacție, folosind strategia Martingale. Veți dubla miza, astfel încât prima pierdere să fie recuperată, iar din cea de-a doua tranzacție să obțineți profit.

Motivul pentru care nu vom schimba direcția este deoarece tranzacționăm în linie cu trendul.

Rezumatul este prezentat mai jos:

Intrare: Bullish închide după schimbarea direcției.

Expirare: 15 minute

Gestionarea banilor

Prima încercare (miză): 5 $

A doua încercare (miză): 10 $

A treia încercare (miză): 20 $

Dacă, după cea de-a treia încercare va fi tot o pierdere, este posibil să trebuiască să îl lăsați și să găsiți o altă configurație, mai bună.

Să analizăm alt exemplu

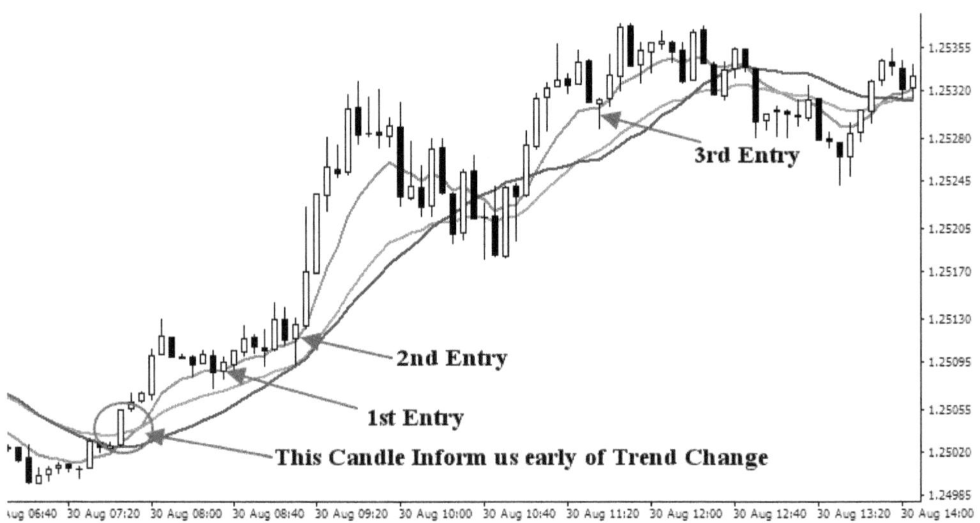

Graficul USDCAD 5 minute

Lumânarea din cerc este începutul trendului. Apoi aşteptăm o retragere. Retragerea a fost confirmată de prima intrare, aşa cum indică săgeata.

Plasaţi tranzacţia şi setaţi durata de expirare la 5 minute.

O altă încercare a fost indicată de a doua şi a treia săgeată.

Să vă arăt un alt exemplu

Acesta este graficul AUDUSD de 5 minute.

AUDUSD 5 minute

Rețineți că nu există niciun sistem de tranzacționare perfect. Cel mai bine este să căutați cea mai bună configurație și cea mai bună tranzacție.

Pe piața Forex există peste 26 de perechi. Dacă deschideți un grafic și nu vă oferă ceea ce doriți, puteți deschide altul, până când găsiți cea mai bună configurație care vă va garanta profitul.

Semnalele Sell/Put

Regulile de mai jos sunt foarte utile atunci când plasați tranzacțiile Sell sau Put.

Regula 2:

i. **Când Lumânarea ÎNCRUCIȘEAZĂ și se închide SUB toate cele trei Medii de mișcare, plasați o tranzacție. (Agresivă)**

ii. **Într-o tendință DESCRESCĂTOARE, lumânarea va fi SUB toate Mediile de mișcare. Când lumânările se micșorează sau deviază de la EMA 8 și se retrag într-un mod corector, închizându-se SUB toate Mediile de mișcare cu o lumânare BEARISH, plasați tranzacția. (Conservator)**

Vom ilustra această configurație ideală de tranzacție cu exemple, pentru o mai bună înțelegere.

Graficul AUDUSD 5 minute

Am indicat retragerea sau retracement-ul cu linia roșie... Sper că o puteți găsi pe grafic. Retragerea sau retracement-ul a fost încheiat de lumânarea Bearish, așa cum indică săgeata albastră.

Dacă plasați tranzacția imediat după fiecare lumânare Bearish în următoarele 5 minute, tranzacția dvs. va câștiga întotdeauna.

Chiar dacă nu va câştiga, puteţi să plasaţi o altă tranzacţie Sell sau Put alte 5 minute cu miză dublă şi veţi avea succes garantat, deoarece tranzacţionaţi pe aceeaşi linie cu trendul.

Să vă arăt un alt exemplu.

Graficul de mai jos este EURUSD 5 minute

EURUSD 5 minute

CAPITOLUL CINCI

Cum să filtrați semnalele false

În această secțiune vreau să discut despre cum puteți să evitați semnalele false care ar putea duce la pierderi în tranzacții.

Un instrument vital pe care trebuie să îl adăugați cunoștințelor din capitolele anterioare este cunoașterea modelului lumânărilor japoneze. Acest lucru vă va ajuta să știți când o lumânare vă dă semnalele greșite, chiar și când condițiile Mediilor de mișcare sunt îndeplinite. Dacă le înțelegeți pe ambele, acest lucru vă va ajuta să tranzacționați cu succes tot timpul.

Voi discuta pe scurt despre lumânările japoneze și tipurile de modele de lumânări pe care trebuie să le căutați atunci când tranzacționați.

Rețineți că nu toate lumânările merită să fie tranzacționate și de aceea mă voi concentra pe patru modele de lumânări, fiabile și care vă vor ajuta să câștigați.

Să vedem întâi ce sunt lumânările japoneze.

Ce sunt lumânările japoneze?

Lumânările japoneze sunt ilustrate în imaginea de mai jos. Indică prețul de deschidere, inferior, superior și de închidere al unui activ într-o perioadă. Când o monedă are o cerere mai mare, prețul va crește, iar prețul de închidere va fi mai mare decât cel de deschidere. Într-o astfel de situație, avem o lumânare Bullish VERDE.

Dar când prețul unui activ este vândut mai mult decât este cumpărat, ceea ce înseamnă că sunt mai mulți vânzători decât cumpărători, prețul va scădea, iar prețul de închidere va fi mai mic decât prețul de deschidere. Avem o lumânare Bearish ROȘIE.

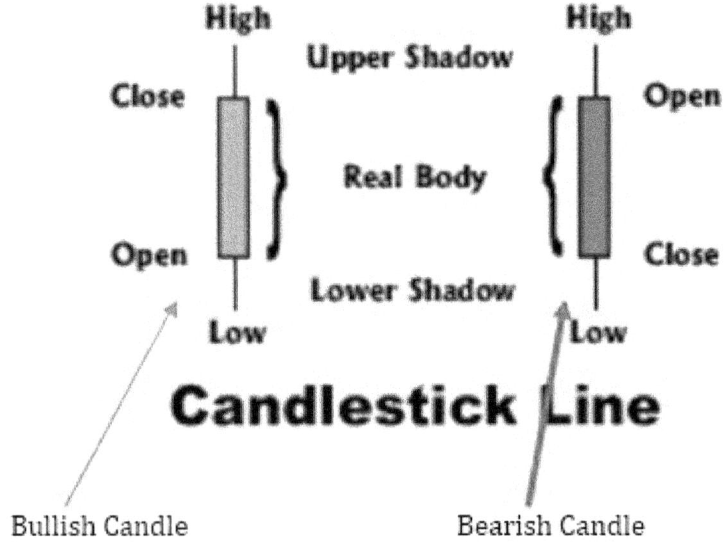

Ce informații ne oferă o lumânare?

1. Toate lumânările arată prețul superior, inferior, de deschidere și de închidere pentru o perioadă unică de tranzacționare, în funcție de intervalul de timp. Să spunem că, pe graficul zilnic, fiecare lumânare reprezintă o singură zi, iar pe un grafic de 5 minute, o perioadă de 5 minute.
2. Dacă prețul de închidere este mai mare decât cel de deschidere, adică în timpul acestei perioade reprezentată de lumânare, prețul crește – atunci lumânarea este goală (de obicei albă sau verde);
3. Dacă prețul de închidere este mai mic decât cel de deschidere, adică în timpul acestei perioade reprezentată de lumânare, prețul descrește – atunci lumânarea este colorată (de obicei neagră sau roșie);
4. Partea colorată a lumânării se numește „corp";
5. Vârfurile (liniile) care ies din corp în sus și în jos – liniile subțiri se numesc „umbre" și indică spre:

- Prețul superior de lângă vârful umbrei superioare;
- Prețul inferior de lângă partea de jos a umbrei inferioare a unei anumite perioade reprezentate de lumânare.

Cum să interpretăm felul lumânării

Lumânarea ne arată ce face prețul într-un anumit punct în timp. Acesta ar putea fi 5 minute, 15 minute, 30 de minute, în funcție de intervalul de timp dorit.

Când aveți o lumânare cu un corp lung, așa cum puteți vedea mai jos,

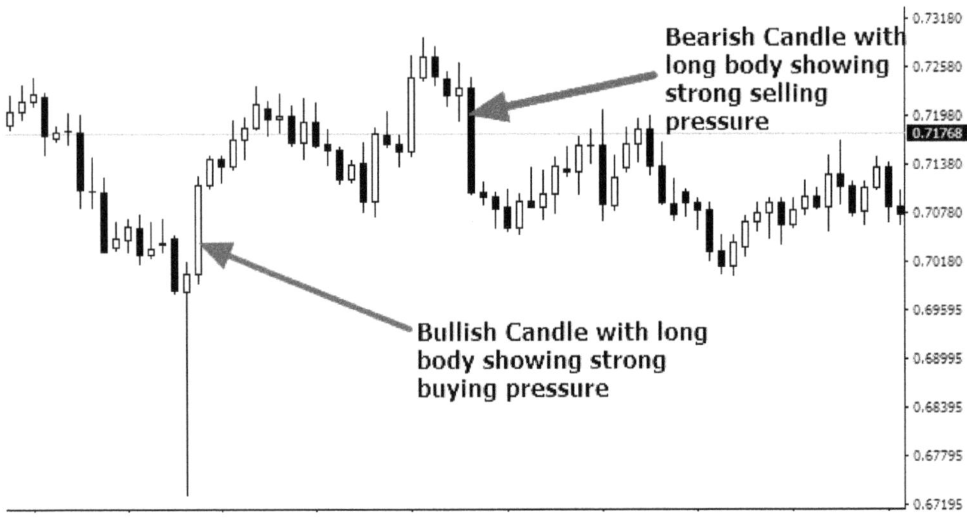

În funcție de direcția pieței, dacă este crescătoare (lumânare BULLISH), cumpărătorii sunt mai activi și mai

puternici în timpul acestei perioade și au putut să forțeze prețul să crească semnificativ. Dacă este descrescătoare (lumânare BEARISH), vânzătorii sunt mai activi și mai puternici în timpul perioadei și au putut să forțeze scăderea semnificativă a prețului.

Corpurile scurte înseamnă o activitate redusă de cumpărare și vânzare. De multe ori, astfel de corpuri sunt tratate ca „indecizie a pieței”, deoarece nici cumpărătorii, nici vânzătorii nu au putut să se impună și să forțeze piața într-o anumită direcție. Iată cum arată:

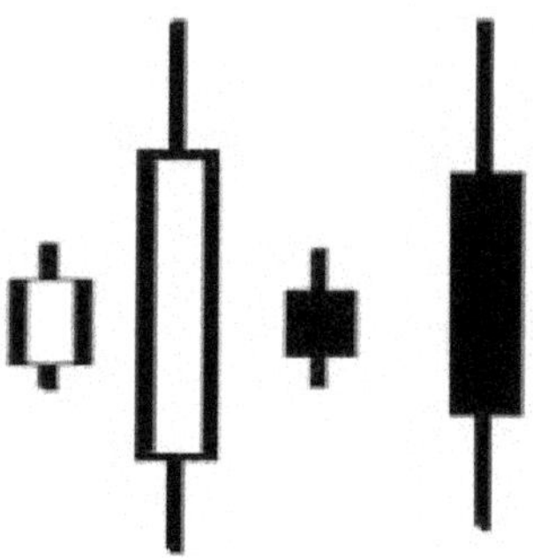

Iată un alt exemplu

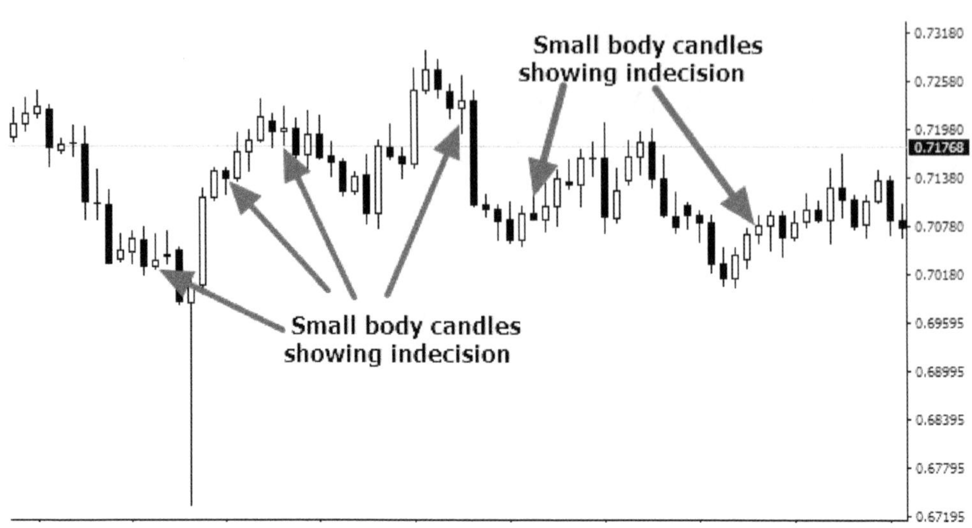

Semnalele lumânări pentru tranzacții

Să analizăm tiparul lumânărilor pe care îl puteți adăuga la arsenalul tranzacțiilor pentru succes.

Avem două tipuri de tipare sau de formații de lumânări cu care puteți tranzacționa

- Tiparul lumânărilor Inversare
- Tiparul lumânărilor Continuare

Dat fiind că strategia noastră funcționează mai ales cu inversările de trend în tranzacții sau retracement-ul unui trend stabilit, tiparul lumânărilor Inversare este cel pe care îl vom urmări pentru ajutor în acest joc.

Lumânări Inversare

Exemplele de lumânări Inversare includ:

- Pin Bar
- Lumânări Engulfing

Pin Bars

Pin Bars arată ca mai jos

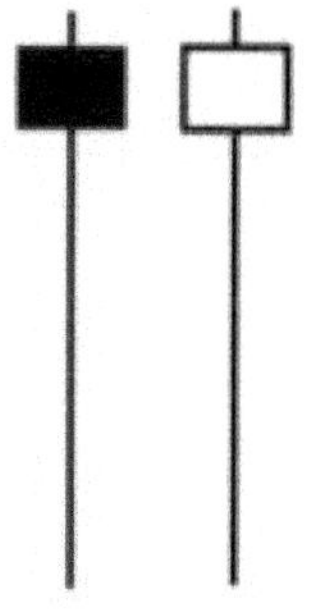

Pin Bars Bullish

sau

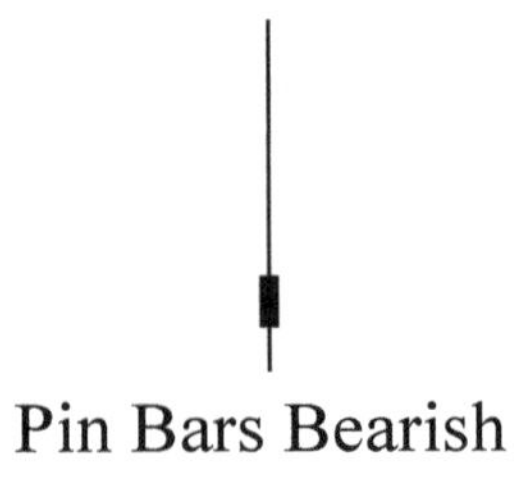

Pin Bars Bearish

Aceste tipuri de tipare de lumânări se formează mereu în partea de jos a unui trend descendent pentru PIN BAR Bullish sau în partea de sus a unui trend Bullish pentru PIN Bar Bearish. Poate fi negru sau alb. **Umbra sau coada trebuie să fie de cel puțin de două ori mai lungă decât corpul pentru a fi un Pin Bar.**

Secretul este că, atunci când piețele se deschid pentru o anumită perioadă într-un trend bearish, vânzătorii controlează piața și o coboară până în punctul cel mai inferior al acelei perioade. Apoi, cumpărătorii obțin controlul pieței și împing prețul dincolo de prețul de deschidere al acelei perioade. Când se întâmplă acest lucru, înseamnă că situația s-a schimbat de la vânzare la cumpărare și mai mulți oameni sunt dispuși să adere la trend pentru a forța prețul să crească. Opusul este același pentru trendul bullish. Este un tipar de lumânări eficient pentru inversarea trendului.

Să vedem, de exemplu, acest grafic AUDUSD

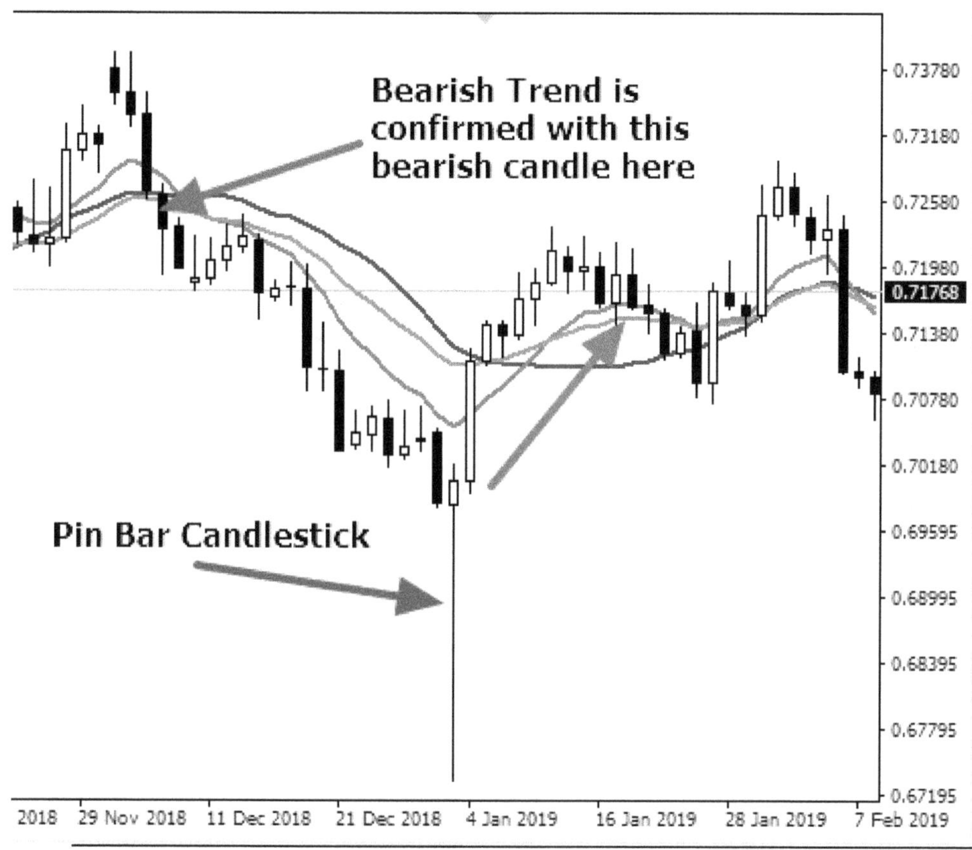

În imaginea de mai sus, am indicat Pin Barul cu săgeata albastră. Puteți vedea că are o coadă sau o umbră lungă și un corp mic, ca un ciocan. Nu uitați definiția trendului din secțiunea anterioară, Lumânarea bearish pe care am indicat-o cu săgeata mov este confirmarea trendului bearish.

În partea de jos a trendului s-a format Pin Barul cu coada lungă care inversează trendul, din bearish în bullish.

Să vedem un alt exemplu.

Graficul AUDUSD 1 oră

După cum am spus mai sus, corpul Pin Bar poate fi negru (se închide mai jos de deschidere) sau alb (se închide deasupra deschiderii). În graficul de mai sus, pin barul este tot negru, ceea ce înseamnă că cumpărătorii nu au împins încă prețul deasupra prețului de deschidere înainte ca piața să se închidă pentru acea perioadă de tranzacționare. Cu toate acestea, putem vedea că are o coadă de două ori mai lungă decât corpul, ceea ce înseamnă că este un pin bar tipic.

De asemenea, observați că trendul era bearish. Trendul bearish a fost inversat de pin bar și a devenit bullish.

Să vedem un alt exemplu.

Graficul EURGPB zilnic

Trendul este bullish, așa cum se indică de mișcarea în sus a prețului, de la 0,78463 la 0,80043 (săgeata mov arată mișcarea în sus).

Puteți vedea că pin barul bearish pe care l-am indicat cu săgeata albastră s-a format în partea de sus a trendului bullish împotriva rezistenței, spunându-vă că trendul s-a schimbat din cumpărare în vânzare acum. Pregătiți-vă de vânzare. Următoarele lumânări dovedesc că piața își revine pe măsură ce vânzătorii încep să vândă activul.

Să vedem un alt exemplu mai jos.

Graficul EURGBP

Săgeata mov indică lumânarea care semnalează schimbarea trendului din bearish în bullish. Linia roșie este rezistența. Când prețul ajunge în acea zonă de rezistență, începe să coboare, un semn de retracement. Retracement-ul se încheie cu formarea lumânării bullish și a pin barului bullish pe care l-am indicat cu săgeata albastră. Puteți vedea că următoarea lumânare era bullish și, în consecință, prețul urcă.

Acesta este un exemplu de tranzacționarea pin barului în retracement-ul unui trend.

Lumânarea Engulfing

Este un tipar de formare cu două lumânări. O lumânare cu corp mare alături de o lumânare cu corp mic, iar lumânarea cu corp mare înghite complet corpul lumânării cu corp mic. Poate fi o lumânare Engulfing Bullish sau o lumânare Engulfing Bearish.

Lumânarea Engulfing bullish se află la sfârșitul unui trend descendent pentru a semnala sfârșitul presiunii de vânzare, iar lumânarea Engulfing bearish se află la sfârșitul unui trend ascendent pentru a indica o schimbare a direcției pieței de la cumpărare la vânzare.

Secretul lumânării Engulfing bullish este că, într-un trend descrescător, este normal ca o monedă să scadă în continuare. Când o monedă se deschide mai jos decât închiderea lumânării precedente, coboară și apoi, dintr-odată, prețul începe să crească până când se închide în spatele valorii superioare a lumânării anterioare, indică o schimbare de la vânzare la cumpărare. Când vedem astfel de lumânări, înseamnă că noi, cumpărătorii, deținem acum controlul și că veți vedea o creștere și mai mare a prețului în următoarea perioadă. Opusul este valabil pentru lumânările Engulfing bearish.

Să vedem exemplul:

Graficul EURGBP

Lumânarea Engulfing bearish este indicată cu săgeata albastră. Trendul este bearish, așa cum s-a văzut mai sus. Apoi, când prețul a ajuns la 0,86648, a ajuns la suport și își schimbă direcția cu cea ascendentă cu pin barul bullish. Mișcarea a fost doar un retracement, deoarece s-a format o altă lumânare Engulfing bearish spre linia Mediei de mișcare, care întoarce trendul ascendent scurt spre direcția trendului bearish primar.

Exemplul de mai sus este un exemplu de tranzacționare cu trendul stabilit. Observați că lumânarea bearish se închide sub valoarea inferioară a lumânării bullish anterioare (în lumânarea Engulfing bearish), un semnal care arată o schimbare negativă de la cumpărare la vânzare.

Să vedem un alt exemplu.

Graficul GBPUSD

Trendul este, evident, unul bearish, și puteți vedea că retracement-ul din trendul primar a fost oprit de lumânarea bearish pe care am indicat-o cu săgeata albastră. Următoarea lumânare a fost bearish și, în consecință, prețul a scăzut.

Un bun indiciu pe care trebuie să îl țineți minte pentru a cunoaște lumânările engulfing este acesta:
Într-o lumânare engulfing bearish, închiderea va fi dedesubt sau aproape sub valoarea inferioară a lumânării bullish anterioare, iar
Într-o lumânare Engulfing bullish, închiderea va fi deasupra sau aproape deasupra valorii superioare a lumânării bearish anterioare. După ce vedeți acest lucru, schimbarea este confirmată și puteți tranzacționa în consecință.

Cum să tranzacționați cu pin bar sau cu tiparul lumânărilor Engulfing

Dacă tranzacționați pe graficul de 5 minute (sau orice alt interval de timp ales) și vedeți oricare dintre tiparele de lumânări explicate mai sus, Tot ce trebuie să faceți este să

- Desenați nivelul de suport sau rezistență pentru a vă asigura că aceste lumânări sunt formate pe acele zone. Dacă sunt formate fie pe zona de suport, fie pe cea de rezistență, vor funcționa, dacă nu, ignorați acel semnal.

- Setați timpul de expirare la 5 minute (sau timpul de expirare preferat)
- Puteți să plasați tranzacția imediat ce se deschide următoarea lumânare sau lăsați următoarea lumânare să traseze jumătate din corpul lumânării de semnal înainte să intrați în tranzacție.

Uneori observați că aceste lumânări nu cumpără sau vând imediat. Următoarea lumânare poate fi bearish sau bullish. Aceasta nu înseamnă că nu vor funcționa. Este doar un retracement înainte să înceapă ascensiunea sau coborârea. Rețineți acest lucru.

Adunarea informațiilor la un loc

Să vedem cum să utilizăm toate aceste strategii în tranzacționare.

După ce deschideți graficul, mai întâi introduceți toate instrumentele de tranzacționare: SMA 20 și 8&21 EMA. Dacă sunteți un broker profesionist, puteți să folosiți și Linia trendului, dar nu este necesar.

Să privim graficul de mai jos, de exemplu.

Graficul GBPUSD 1 oră

Mă aștept să începeți tranzacționarea marcând toate zonele de suport și rezistență, așa cum am făcut eu mai sus.

Am indicat un pin bar bearish cu săgeata albastră, care se află și în interiorul ciclului. Se poate face o tranzacție, deoarece

(1) Pin barul a fost respins la nivelul de rezistență, așa cum ne indică linia albastră orizontală.

(2) Este a doua oară când prețul va testa acel nivel și este respins cu pin barul bearish care formează un tipar Double Top.

(3) Natura lumânării care se formează din pin bar ne indică vânzarea.

Astfel, cu aceşti trei factori, puteţi să plasaţi tranzacţia cu GBPUSD în scădere în următoarele 5 sau 15 minute, în funcţie de intervalul de timp în care aţi depistat semnalul.

Mai mult, vedeţi lumânarea aceea bearish mare care s-a încrucişat cu toate cele 3 medii de mişcare? Dacă sunteţi un broker agresiv, puteţi să plasaţi tranzacţia şi după închiderea acelei lumânări.

Pentru un broker conservator, după ce am confirmat că există un trend bearish, veţi aştepta o respingere în Media de mişcare, în continuarea trendului bearish.

Vedeţi săgeata roşie? Indică un pin bars Bearish format din devierea din 8 EMA, indicând că preţul va continua trendul bearish.

Chiar acest lucru aşteptăm noi, brokerii conservatori. După aceea, plasaţi tranzacţia că GBPUSD va coborî în următoarea perioadă.

Dacă nu a funcţionat, deoarece trendul este în favoarea noastră, dublaţi miza în următoarea încercare şi plasaţi din nou tranzacţia în trendul bearish. (adică va coborî)

Săgeata roz indică un alt pin bar bearish la marginea micului retracement al trendului bearish. Puteți vedea că, după pin barul bearish, următoarea lumânare este bearish.

Să vedem un alt exemplu.

USDCAD 1 oră

În graficul USDCAD, a existat un mic retracement spre trendul bearish, care a fost încheiat de pin barul bearish pe care l-am indicat cu săgeata albastră.

Când vedeți acest scenariu, motivele pentru acest gen de tranzacții sunt următoarele:

(1) Trendul este bearish, după cum o confirmă ruperea 3 MA, iar lumânările sunt toate sub mediile de mişcare, niciodată deasupra lor.

(2) Natura lumânării formată – pin barul ne indică vânzarea.

(3) Pin barul bearish a fost format la capătul retracement-ului mişcării ascendente, fiind respins pe nivelul de rezistenţă dinamică a mediilor de mişcare.

(4) Există şi un nivel de rezistenţă orizontal, în care pin barul a fost format.

Cu toate aceste motive, putem să plasăm tranzacţia cu încredere că USDCAD va coborî în următoarea perioadă (în funcţie de intervalul de timp din care culegeţi acest semnal), şi, dacă există pierderi, având trendul de partea noastră, vom dubla miza în funcţie de strategia Martingale ca să recuperăm pierderea anterioară şi să facem profit.

Acelaşi principiu se aplică şi pin barului bullish indicat de săgeata roşie. Lumânările s-au încrucişat cu 3 MA în partea de sus – un semnal că trendul s-a schimbat. Nu vom confirma acest lucru încă.

Următorul retracement mic s-a încheiat cu pin barul bullish primind suport pe media de mişcare. În plus, pin barul bullish vă spune că e timpul să cumpăraţi, preţul este respins la nivelul inferior. Cu toate aceste motive, puteți să plasați tranzacția că USDCAD va urca mai mult în următoarea perioadă.

Să vedem mai multe exemple mai jos.

AUDUSD 1 oră

Acesta este graficul AUDUSD. Studiați cu atenție graficul de mai sus. Veți descoperi că nu ați pierdut în tranzacție dacă tranzacționați pe aceeași linie cu direcția trendului, așa cum am explicat în această carte.

Săgeata mov, roșie și albastră indică tranzacțiile posibile pe care le-ați fi putut face dacă ați fi lucrat cu această pereche.

Mai jos avem un alt exemplu.

Graficul EURGBP 1 oră

Acesta este graficul EURGBP. După cum puteți vedea mai sus, nu ați fi câștigat bani când piața a fost mai liniștită, așa cum indică lumânările mici care se formează. Deoarece în tranzacționarea opțiunilor binare este importantă sincronizarea, vă sugerez să nu tranzacționați în timpul sesiunilor cu activitate scăzută sau zero.

De unde știți? Este la fel cu tranzacționarea perechii EURGBP în timpul sesiunii asiatice. Evident, este posibil să nu obțineți o volatilitate mare, pentru că tranzacționați în afara sesiunii. Este mai bine să tranzacționați AUDUSD, NZDUSD în timpul sesiunii asiatice decât să tranzacționați GBPUSD în timpul sesiunii asiatice. Sper că înțelegeți ce vreau să spun.

O altă perioadă în care trebuie să stați la distanță sunt vacanțele. Nu veți avea o volatilitate prea mare pentru a face tranzacția în favoarea dvs.

Iată un alt exemplu de tranzacție mai jos.

EURJPY 1 oră

Studiați graficul și gândiți-vă cum ați fi tranzacționat în această pereche.

În general, încercați cât mai mult posibil să studiați graficul și să găsiți numărul de ori în care această strategie funcționează în comparație cu numărul de ori în care eșuează. Dacă puteți face asta, veți avea încredere să folosiți acest instrument testat ca să tranzacționați și să faceți bani din piața de opțiuni binare.

În cele din urmă în acest punct, vă sfătuiesc să folosiți graficul de 15 minute pentru a tranzacționa. Din experiența mea, cel de 5 minute ar putea duce la pierderi uneori dacă nu stăpâniți foarte bine modalitatea de tranzacționare, însă graficul de 15 minute este mai de încredere și primiți multe configurații bune de tranzacționări care nu vă vor dezamăgi.

Rețineți că, în afară de utilizarea mediilor de mișcare pentru a cunoaște direcția pieței, și o bună înțelegere a graficului – lumânări, tipare de grafic, niveluri cheie etc. va fi de ajutor. De exemplu, dacă ați văzut ieri pin barul bearish formându-se în jurul rezistenței pe graficul CADJPY zilnic și vreți să tranzacționați astăzi, fără să vă spună un Toma necredinciosul, ar trebui să știți că un astfel de pin bar bearish indică spre vânzare.

Astfel, în afară de media de mișcare care vă spune că trendul este bearish, aveți un alt semnal, de la lumânarea care vă va spune că azi va fi o zi bearish. Până când deschideți graficul la intervalul de 15 minute pentru a tranzacționa, ori de câte ori găsiți o configurație de tranzacție în linie cu predispoziția zilnică de a vinde, tranzacționați pe linie cu trendul.

Acesta este un exemplu ca să îmi explic ideea. În graficul CADJPY de mai jos, pe 11 iunie 2019, închiderea zilnică era un pin bar Bearish pe rezistență. Vedeți cercul de pe grafic.

Graficul CADJPY zilnic

Cu acel tip de lumânare, este evident că 12 iunie va fi, probabil, o zi bearish. Astfel, pe 12 iunie deschidem graficele la 15 minute pentru a căuta semnale de tranzacționare.

CADJPY 15 minute

În această zi, deoarece predispoziția zilnică este de a vinde, în orice moment în care facem o tranzacție configurată pe linie cu predispoziția zilnică, nu doar tranzacționăm cu trendul bearish al mediei de mișcare, ci și semnalul lumânărilor.

Sper că înțelegeți ce vreau să spun.

CAPITOLUL ȘASE

Strategia de gestionare a banilor

O bună strategie de management al banilor este cheia tranzacționării de succes. Chiar dacă strategia dvs. vă oferă o rată de succes de 40%, dacă aveți o strategie foarte bună de gestionare a banilor veți ajunge întotdeauna să câștigați.
Marginea cu care tranzacționăm este trendul. Și, atât timp cât trendul este de partea noastră, vom profita întotdeauna.
Această secțiune are ca scop să vă învețe să gestionați banii astfel încât să aveți un plan și să tranzacționați conform acestuia.

Planul de tranzacționare este unul dintre primii pași către o strategie de gestionare eficientă a banilor. Apoi, trebuie să aveți și disciplină pentru a vă urmări planul.

Semnalul de tranzacționare descris mai sus oferă un raport de câștig foarte mare, deoarece tranzacționați de-a lungul trendului. Cu toate acestea, fără o gestionare corectă a banilor, riscați să pierdeți toți banii câștigați.

Setul de reguli de mai jos este conceput pentru a fi uşor de implementat.

- Stabiliţi suma investiţiei iniţiale (capital)
- Stabiliţi suma de risc: mărimea minimă a tranzacţiei
- Fixaţi suma minimă de risc la 1% din capital. Dacă aveţi un capital de 1000 $, suma minimă de risc va fi 10 $. Aceasta înseamnă că pentru fiecare tranzacţie, riscaţi 10 $.
- Pentru fiecare zi de tranzacţionare, începeţi cu suma minimă de risc de 1% (10 $ în exemplul nostru) şi nu cu soldul dvs. curent.
- Plasaţi tranzacţia numai când semnalul este confirmat.
- Asiguraţi-vă că nu sunt prezentate ştiri când tranzacţionaţi şi că preţul nu se află în apropierea zonei de suport/rezistenţă.
- Dacă rezultatul este pierdere, atunci dublaţi mărimea tranzacţiei în următoarea tranzacţie folosind strategia de gestionare a banilor Martingale, aşa cum este prezentat mai jos.
- Căutaţi zece configuraţii bune de tranzacţii pe zi.

Cum folosiţi strategia Martingale

Martingale este cea mai bună strategie pe care să o folosiți pentru a recupera pierderile și a avea profit la sfârșitul zilei. Vedeți graficul de mai jos, de exemplu.

80% Payout			
POSITION	SUM	GROSS PROFIT	NET PROFIT
1 €	1 €	1.80 €	**0.80 €**
2.5 €	3.5 €	4.50 €	**1.00 €**
6.25 €	9.75 €	11.25 €	**1.50 €**
15.63 €	25.38 €	28.13 €	**2.75 €**
39.07 €	64.45 €	70.33 €	**5.88 €**
97.66 €	162.11 €	175.79 €	**13.68 €**

Graficul de mai sus se face presupunând că aveți o plată de 80%. Dar va fi bine să faceți unul manual care va fi adaptat la plata pieței pe care tranzacționați, astfel încât, în momentul în care plasați tranzacția, pierderile să fie recuperate și să aveți încă profit.

De exemplu, în graficul de mai sus, începeți cu o investiție de 1 $, dacă pierdeți, măriți miza la 2,5 $, dacă pierdeți, măriți miza la 6,25 $, în această ordine, așa cum se vede mai sus.

În fiecare caz, veți recupera miza anterioară și veți avea profit.

Dar sunt foarte sigur că nu veți pierde în acest fel dacă tranzacționați în linie cu trendul și faceți ceea ce este corect. Rețineți că puteți modifica această strategie Martingale în funcție de capitalul dvs.

Strategia tranzacționează în linie cu tendința. Se așteaptă ca, la a treia încercare, să vă recuperați mizele și să aveți profit, deoarece tranzacționăm pe linia trendului. Ori de câte ori câștigați, începeți din nou, cu miza inițială.

În ultimul rând, nu toate tranzacțiile câștigă. Plasați tranzacțiile fără teamă și emoții. Respectați întocmai acest set de reguli și veți avea profit constant.

Strategia funcționează și are o rată de succes de cel puțin 70%. Voința și disciplina vă vor ajuta să fiți un broker de succes. Pentru a fi un broker de succes, trebuie să vă așezați la birou și să tranzacționați pe baza planului dvs. Un plan de tranzacționare vă va asigura că urmați o metodă de tranzacționare.

Implementarea regulilor stricte de gestionare a banilor și respectarea lor în fiecare zi este cheia succesului. Brokerii trebuie să fie disciplinați, să dețină controlul și să nu se lase conduși de frică sau de lăcomie. Trebuie să minimizeze pierderile, să maximizeze câștigurile și, cel mai important, să își protejeze capitalul.

CAPITOLUL ȘAPTE

Recenzia și recomandarea brokerului

În această secțiune, voi discuta despre brokerul de opțiuni binare. Importanța unui foarte bun broker pentru tranzacțiile dvs. nu poate fi subliniată îndeajuns. Este la fel de important ca abilitatea de a câștiga bani.

După opinia mea personală, nu există cel mai bun broker. Diferența este dată de serviciile care îl deosebesc de alții. Am citit foarte multe recenzii despre cei mai cunoscuți brokeri de pe internet. Este uimitor să auziți experiențele diverșilor brokeri despre utilizarea platformelor. Unele sunt bune, altele sunt rele.

Cel mai important lucru este:

(1) Să știți că uneori brokerii pot tranzacționa împotriva dvs. după ce descoperă că sunteți începător. De unde știu ei? Declarația rezultatelor dvs. va arăta în ce fel tranzacționați: fără experiență (începător) sau profesionist cu experiență.

(2) În tranzacționarea opțiunilor binare, este la fel de important să aveți o conexiune foarte bună și rapidă la internet. Sincronizarea

este foarte importantă. Dacă nu aveți o conexiune rapidă, rezultatele tranzacțiilor pot fi afectate. Majoritatea oamenilor se plâng de costurile de executare a tranzacțiilor la prețul de intrare; acesta ar putea fi unul dintre motive.

(3) Cea mai bună cale de a-i întrece pe majoritatea brokerilor este să aveți o strategie conectată, într-un fel sau altul, cu graficele. Este imposibil ca ei să vă înșele dacă strategia pe care o folosiți se bazează pe graficul cu lumânări, evident pentru toți. Majoritatea recenziilor pe care le-am citit despre binary.com sunt reclamații despre tranzacționarea cu boți. Dar nu am văzut niciunul legat de grafic. Astfel, cea mai bună modalitate de a nu vă lăsa păcăliți este să folosiți strategia pe bază de grafic, după cum am discutat mai sus, în capitolele precedente.

Având în vedere cele de mai sus, voi vorbi despre trei brokeri pe care îi puteți folosi pentru tranzacțiile cu opțiuni binare, dacă nu aveți încă un cont la ei. Din experiența mea personală, nu am avut nicio reclamație nici pentru serviciile pe care le oferă, nici cu retragerile.

BINARY.COM

Binary.com, înființat în anul 2000, este unul dintre liderii domeniului opțiunilor binare din lume și a fost prima companie care a oferit multe tipuri specifice de tranzacții, precum **indici de volatilitate**, **monede**, **indici** și **mărfuri**. Binary.com are licență și funcționează reglementat în Irlanda, Insula Man, Regatul Unit al Marii Britanii și în Malta. Website-ul lor este disponibil în engleză, portugheză, spaniolă, germană, chineză, italiană, poloneză, rusă, vietnameză, franceză, indoneziană și thailandeză.

Binary.com are o platformă simplă și ușor de utilizat care minimizează curba învățării pentru clienții noi. Platforma facilitează găsirea tranzacției ideale pentru orice stare a pieței, execută o tranzacție în câteva secunde și oferă instrumente educaționale și de analiză pentru toate nivelurile de experiență. Binary.com are o gamă largă de platforme împărțită în liste, pentru începători sau avansați.

În afară de platforma sa brevetată, alte platforme care pot fi folosite sunt: SmartTrader, aplicație Binary Tick Trade, MetaTrader 5, Binary Webtrader, Binary Bot etc.

METODE DE PLATĂ

Printre metodele de plată se află transferuri prin bancă și transferuri de bani, carduri de debit sau de credit Visa sau

Mastercard. Următoarele portofele electronice sunt acceptate pe platformă: Neteller, Perfect Money, Yandex, WebMoney, PaySafeCard, Skrill/Moneybookers, FasaPay și Qiwi. Puteți să adăugați fonduri în contul dvs. folosind criptomonede, precum Bitcoin, Bitcoin Cash, Ethereum și Litecoin.

Suma minimă pentru tranzacții pe această platformă este de 5 $ și, după ce vă înregistrați, veți avea acces la un cont virtual cu un fond de 10.000 $, care vă va ajuta să vă exersați strategia și să vă obișnuiți cu platforma.

Clienții din S.U.A nu se pot înregistra din cauza restricțiilor de reglementare.

În general, este o platformă bună pentru a începe tranzacționarea de opțiuni binare, deoarece puteți începe cu o sumă minimă accesibilă, spre deosebire de cealaltă platformă, care solicită aproximativ 250 $ pentru a începe. Deși există unele recenzii online negative, așa cum am menționat anterior, aceste lucruri se întâmplă uneori și majoritatea sunt legate de utilizarea boților în tranzacții și de tranzacționarea indicilor de volatilitate.

IQ OPTION

IQ Option este o platformă de tranzacționare nouă, înființată în 2013, iar de atunci s-a dovedit a fi lider pe piața opțiunilor binare. Are o platformă ușor de utilizat pentru brokeri. Printre instrumentele tranzacționate sunt: opțiuni digitale, Forex, contracte CFD, ETF și, recent, criptomonede.

Este operată de IQ Option Ltd și IQ Option Europe Ltd. IQ Option Europe Ltd. este înregistrată în Cipru și este reglementată de CySEC. IQ Option Ltd. este înregistrată în Seychelles, dar nu este reglementată.

Deși acceptă clienți din aproape întreaga lume, clienții din S.U.A., Canada, Japonia, Turcia, Belgia, Israel, Rusia, Australia, Franța, Sudan, Iran and Siria nu își pot deschide un cont pe această platformă în prezent.

Înregistrarea este simplă și directă; vă puteți înscrie folosind contul Facebook, Google sau adresa de e-mail. Vă puteți înregistra într-un minut și apoi puteți începe tranzacționarea. Platforma oferă și un cont virtual cu care puteți exersa, de 10.000 $, ca să tranzacționați și să vă obișnuiți cu platforma.

METODE DE PLATĂ

Pentru a depune bani, puteți să folosiți portofele electronice precum Neteller, WebMoney, Bitcoin, Skill sau să folosiți un card Visa/Master (de debit sau de credit).

Cu toate acestea, înainte să retrageți profitul, va trebui să furnizați un document de identitate oficial (permis de conducere, pașaport) – este obligatoriu pentru procesarea retragerilor.

Avantajul acestei platforme este că suma minimă necesară pentru tranzacționare este de 10 $.

Alte platforme de tranzacționare

O altă platformă de tranzacționare a opțiunilor binare, pe care o pot folosi și clienții din S.U.A., este **NADEX**. Dacă sunteți într-o țară în care nu puteți folosi niciunul dintre acești brokeri, căutați pe Google cei mai buni brokeri de opțiuni binare din țara dvs. Citiți despre experiența brokerilor, comentariile și feedbackul lor despre serviciile lor înainte să vă înregistrați și să depuneți bani în cont. Astfel, vă veți putea orienta să găsiți cel mai bun broker pentru ceea ce aveți nevoie.

Concluzii

Opțiunile binare sunt foarte simplu de tranzacționat. Cu toate acestea, este nevoie de multă răbdare și disciplină. Răbdare pentru a aștepta semnalul și disciplină pentru a tranzacționa conform planului. Dacă nu reușiți să tranzacționați conform planului, veți eșua.

Folosiți strategia de gestionare a banilor de mai sus sau creați una proprie. Respectați-o și așteptați să apară semnalele.

Cu toate acestea, trebuie să rețineți că nu există niciun sistem de tranzacționare perfect. Dacă aveți un sistem care vă garantează o rată de succes de 60-80%, rata dvs. de câștig va fi ridicată dacă o combinați cu strategia Martingale.

Cu toate acestea, în cazul în care continuați să pierdeți, este bine să ieșiți de pe piață în acea zi.

În tranzacționare nu trebuie să vă lăsați pradă emoțiilor. Dacă încercați să vă răzbunați pe piață pentru a vă recupera pierderile, veți pierde și mai mult. Trebuie să știți că cele mai bune decizii de tranzacționare sunt luate atunci când sunteți calm(ă).

Sunt convins că tranzacționarea cu trend est foarte sigură oricând, în orice zi, fie cu opțiuni binare, fie cu Forex, contracte futures sau acțiuni. Și această carte v-a explicat o strategie care vă va ajuta să tranzacționați cu trendul și să vă îmbogățiți cu opțiunile binare.

Sper că nu vă veți opri numai la citirea acestei cărți, căci numai acest lucru nu vă va aduce bani în cont, ci veți și acționa. Exersați ce ați învățat și veți vedea câștigurile.

Vă urez succes în tranzacționare.

Benjamin Daniel

****

Vă mulțumesc că ați citit! Dacă v-a plăcut această carte sau vi s-a părut utilă, aș fi foarte recunoscător dacă ați posta o scurtă recenzie pe site-ul de pe care ați cumpărat-o. Susținerea dvs. contează și citesc toate recenziile personal, astfel încât pot să citesc opiniile dvs. și să îmbunătățesc cartea.

Vă mulțumesc din nou pentru sprijin!

****

Despre autor

Benjamin Daniel este un broker profesionist și proprietarul unei afaceri online, al cărui scop în scrierea acestei cărți este de a explica tranzacționarea atât de simplu, încât și un adolescent de 15 ani să poată citi această carte și să facă profit pe piață fără a plăti un preț uriaș pentru instruire. Cartea sa din seria pentru autodidacți, despre tranzacționarea opțiunilor binare, este ușor de citit și subliniază aspectele cele mai importante.

Autorul a mai scris cărți precum: „Forex Made Easy", „Make Money From Forex The Easier Way" etc.

Index general

Concluzii....89

www.ingramcontent.com/pod-product-compliance
Ingram Content Group UK Ltd.
Pitfield, Milton Keynes, MK11 3LW, UK
UKHW021922190726
13853UKWH00002B/799

9 788835 457848